Inebriâncias do vazio

Editora Appris Ltda.
1.ª Edição - Copyright© 2022 do autor
Direitos de Edição Reservados à Editora Appris Ltda.

Nenhuma parte desta obra poderá ser utilizada indevidamente, sem estar de acordo com a Lei nº 9.610/98. Se incorreções forem encontradas, serão de exclusiva responsabilidade de seus organizadores. Foi realizado o Depósito Legal na Fundação Biblioteca Nacional, de acordo com as Leis n.os 10.994, de 14/12/2004, e 12.192, de 14/01/2010.

Catalogação na Fonte
Elaborado por: Josefina A. S. Guedes
Bibliotecária CRB 9/870

A958i 2022	Ávila, Maurício da Rosa Inebriâncias do vazio / Maurício da Rosa Ávila. - 1. ed. - Curitiba: Appris, 2022. 94 p. ; 21 cm. ISBN 978-65-250-2236-9 1. Poesia brasileira. I. Título.
	CDD – 869.3

Appris editora

Editora e Livraria Appris Ltda.
Av. Manoel Ribas, 2265 – Mercês
Curitiba/PR – CEP: 80810-002
Tel. (41) 3156 - 4731
www.editoraappris.com.br

Printed in Brazil
Impresso no Brasil

Maurício da Rosa Ávila

Inebriâncias do vazio

FICHA TÉCNICA

EDITORIAL	Augusto V. de A. Coelho
	Marli Caetano
	Sara C. de Andrade Coelho
COMITÊ EDITORIAL	Andréa Barbosa Gouveia - UFPR
	Edmeire C. Pereira - UFPR
	Iraneide da Silva - UFC
	Jacques de Lima Ferreira - UP
ASSESSORIA EDITORIAL	João Simino
REVISÃO	Isabela do Vale Poncio
PRODUÇÃO EDITORIAL	Isabela Calegari
DIAGRAMAÇÃO	Bruno Ferreira Nascimento
CAPA	Sheila Alves
COMUNICAÇÃO	Carlos Eduardo Pereira
	Débora Nazário
	Karla Pipolo Olegário
LIVRARIAS E EVENTOS	Estevão Misael
GERÊNCIA DE FINANÇAS	Selma Maria Fernandes do Valle

Agradecimentos

À minha esposa, Paula, pelo amor, companheirismo, paciência e incentivo. Minha vida e coração são teus.

Aos meus filhos, Martín e Santiago, por me mostrarem o pai que deveria ser.

Aos meus pais, João Gentil e Maria Eugênia, pelo amor, carinho, dedicação e por colocarem a formação dos filhos sempre como prioridade.

À minha irmã, Nathálie da Rosa Ávila, leitora e incentivadora de primeira hora. Te amo, maninha!

Aos antigos leitores, que sempre me incentivaram a prosseguir, e aos novos que um dia hão de vir.

Porém, não é a vida que se atemoriza ante a morte e se conserva intacta da devastação, mas é a vida que suporta a morte e nela se conserva, que é a vida do espírito. O espírito só alcança sua verdade à medida que se encontra a si mesmo no dilaceramento absoluto. Ele não é essa potência como o positivo que se afasta do negativo – como ao dizer de alguma coisa que é nula ou falsa, liquidamos com ela e passamos a outro assunto. Ao contrário, o espírito só é essa potência enquanto encara diretamente o negativo e se demora junto dele.

(Georg Wilhelm Friedrich Hegel[1])

---

[1] HEGEL, Georg Wilhelm Friedrich. *Fenomenologia do Espírito*. 9. ed. Petrópolis: Editora Vozes, 2014. p. 41.

Sumário

Extrodução 11
Poemas 13
I   Quando eu me for deste mundo que inventamos 15
II   Bom mesmo é quando as pessoas dormem 18
III   A felicidade 19
IV   Morrer mesmo não morro 21
V   Em certa medida, ainda somos meninos 23
VI   Nunca vesti roupa 26
VII   Sou a interrogação caída 27
VIII   O peixe 28
IX   Tudo é deserto 30
X   O menino que fui 34
XI   Aquarela tresmalhada para mãos imprecisas 35
XII   Imagens antigas de tempos que nunca vi 36
XIII   Não volto 38
XIV   Loucura 39
XV   Não suporto mais acordar dentro de caixas 41
XVI   No dia em que eu fizer anos 42
XVII   Dia virá em que assistiremos plácidos a morte do desejo ... 44
XVIII   Como faço para ter acesso 48
XIX   A vida hoje passa muito perto 49
XX   A morte sempre esteve por aí 50

XXI	Há os que são como defesa	51
XXII	A raiva	53
XXIII	Não há Deus!	54
XXIV	Peculiar é sofrer	55
XXV	Auferem	57
XXVI	Estamos psicóticos	60
XXVII	Este é um tempo	62
XXVIII	Fria e só, uma nota de alaúde	63
XXIX	Vim ao avesso para o mundo	64
XXX	Há uma poesia estúpida	65
XXXI	A vida habita	66
XXXII	Meu vizinho é um bêbado, porque só.	67
XXXIII	Intrigado com um som	68
XXXIV	Pesa em mim um peso estranho	70
XXXV	Invento um sonho e o vivo	71
XXXVI	Esvaziei-me..	72
XXXVII	Descobri, hoje, que a música ouvida pelo meu vizinho é nada	75
XXXVIII	Quantos de nós sobraremos	78
XXXIX	Dói-me	81
XL	Letargo	83
XLI	Queria terminar algo	87
XLII	Às vezes, tenho vontade de ir embora do contemporâneo	88
XLIII	Nunca foi tão necessário ao humano pôr-se de acordo consigo como agora	90
XLIV	Morarão um dia estes versos	94

Extrodução

Isto deveria ser uma introdução. Não é. Não vejo sentido em introduções para livros de poemas. As palavras necessárias já estão todas por aí em algum lugar. As necessárias, as inconvenientes, atravessadas, mal colocadas, em desordem, de uma maneira ou de outra elas já estão todas aí.

Tentar explicar algo a mais com uma introdução seria até mesmo deselegante de minha parte. Uma concessão indevida a minha verve obsessiva. Porque até na obsessão deve haver uma ética. Um limite a partir do qual não se pode avançar, sob pena de se infringir o bom gosto e o valor da palavra. E a palavra nunca invade o vazio impunemente. O que ele não nos quer dar, o que nos furta do sentido, jamais será alcançado. Se insistirmos na busca, o valor da palavra é capturado. Ela própria é capturada pelo vazio. O vazio na palavra.

É preciso muito esforço para não dizer. Desbastar a gramática para poder visualizar os interstícios do dito: o suor do poeta. A palavra deve ser apenas um fio. Corda pendendo entre dois eus de que se vale o leitor para ir de mim até ele. Entrego-o ao seu vazio. Se não o faço é por inépcia minha. Se eu não o puser diante do seu próprio vazio em espelho, terei falhado em minha tarefa. Arrisco dizer, com sinceridade, apenas terei dito algumas coisas. Nada mais.

Este livro é de estranhamentos. Que o leitor torça o nariz, resista, faça pouco caso, desdenhe, aprecie, indique, não recomende, faça o que entender bem, desde que seja honesto de sua parte. De minha parte, espero apenas que entenda aquilo que não está dito. Possa, aqui, ver o escondido.

Não ofereço sentidos. Ofereço fragmentos. Fragmentos honestos cuja letra constitui a borda do meu vazio, que é nosso.

Tenho o mau hábito das crianças: sofro de curiosidades pelos perigos. Arrisco olhadelas para o outro lado de mim.

Em parte, somos feios. Em boa parte, inaceitáveis. Inaceitáveis a nós mesmos, inclusive. Por isso, há sempre um custo em ser honesto. Para mim a angústia.

Teço de palavras meus absurdos. E não temo reconhecê-los. Uma boa parte das vezes, pelo menos. Digo ao meu vazio: esta é a linha. Daqui não passarás! Ao passo que ele me diz: a partir daqui, apenas olhe! É um justo acordo de cavalheiros, porque eu sei de sua tirania.

Sei também que, quanto mais palavras invento, na luta por lhe arrancar o sentido, mais palavras ele parece querer, e mais incógnito permanece. Interpelação esfíngica. Encantamento sombrio que me traz em licores inebriâncias do vazio.

06.04.2021

Poemas

I

Quando eu me for deste mundo que inventamos,
Deixarei por aqui meus desconcertos.

Não ficará, dos meus feitos, o previsível.
Antes deixarei em testamento
O espanto despudorado de ter me negado a ser espelho
Aos olhos da complacência.

Eu me nego a quem me exige.
Furto-me de quem me tem.

E há muitos que não suportam o despeito havido
Em não me recriminar pela impostura...

O corpo da vida não pulsa entre bem e mal,
Mas entre desejo e dever:
Equação impossível.

Dizia eu a meu filho: não molhe a calçada,
Ponha a mangueira no chão!

Disse isso, claro, sabendo que o que ele queria
Não era senão por a mangueira na calçada.
E o quis mais ainda depois de eu proibir.

Por que eu disse?
Talvez nem eu saiba o porquê.
Talvez pelo mesmo sem sentido que há em todo dever.

O dever é um ópio que se cumpre
Para gozar o que nele há de saciedade
Que nunca cessa.

O desejo...
Ah, o desejo!
Nasceu ele em meu filho quando lhe disse:
Não!

E, a partir desse instante,
Nada será mais tão ele, para ele mesmo,
Do que aquilo que proibi.

Tudo não-eu
Será ele demasiadamente.

Por que lhe disse não?
Não sei.
Pensando agora, não importava tanto a calçada estar ou não molhada;
Importava mesmo o dever.

Talvez, embaraçado
Nas cordas do meu desejo,
Tenha imposto a ele o dever
Como confirmação para mim mesmo.

Qual nada…

Deixo em legado a meu filho
Os desencontros do desejo.
Os meus e os dele.

Ao mundo, minhas incongruências,
Meus absurdos, minhas contradições,
Minhas angústias…

Porque nada mais foi tão meu nesse mundo
Que tudo isso…

29.03.2021

II

Bom mesmo é quando as pessoas dormem
E o mundo só tem cães.

As melhores brisas
São ariscas de gente.

Há flores cujo perfume é insuspeito,
Mas à noite seu cheiro
Faz escândalos na folhagem.

Um rato brinca escondido no arbusto,
Livre de olhos de nojo
– Essas maneiras da civilização.

Por que falar
Quando as coisas
Suspiram alívios pela nossa ausência?

05.03.2021

III

A felicidade,
Um vendedor chato de bugigangas
Para quem finjo não estar
Quando bate à minha porta.

A dúvida,
Este alguém tão de casa
Cuja simples ideia da falta
Petrifica-me.

A fé,
Corda que, ao se desfiar,
Mais a ela nos agarramos
Pelo receio de cair.

O humano,
Coisa carregando em si
A danação eterna
De ser para sempre um não-deus,
Mesmo querendo querê-lo.

Para onde vais,
Tu que dormes de olhos abertos?
Ganhar a vida?

Quem a tomou de ti
Para que a tenhas de volta?

Percebes que nunca a teve,
Estando ela para ti irremediavelmente perdida?

É da substância da vida
O fato de ela ser para nós
Perdida.

Buscas o que nunca será teu,
E deixas para trás o que tinhas?

Paz,
Dessas coisas que ficam boas
Somente quando feitas em casa.

Deus,
Aquele que me olhou hoje
Pelos olhos de meu filho,
Enquanto comíamos biscoitos,
E sorriu-me...

16.10.2020

IV

Morrer mesmo não morro,
Antes serei vencido.

Verei o triunfo dos inimigos
Com resignada justiça
E irei para casa.

Para a casa que tenho em mim.

Lançarei fora as armas,
Sorvendo o gosto da fadiga
Como a própria vitória.

Serei livre de vencer.
Dispensado de guardar posto;
Esses cansaços que a glória impõe.

Talvez dê de ombros mesmo...
Enfim, não conseguir
É um jeito diferente de tentar.

Ainda que conseguisse,
Talvez não daria em nada.
E mesmo dando,
Talvez não devesse conseguir.

O que há é viver;
E isso é difícil.
Permanecer é a dor que existe
Na ferida da incerteza.

Mas o pior, o pior mesmo,
São os que tentam, sem vida,
Em surda dormência,
Permanecer por estar.

Esses...
Esses andam por aí,
Corpos errantes,
Vivos para os outros
E mortos para si.

2015

V

Em certa medida, ainda somos meninos.
Aqueles mesmos correndo pelas ruas
Nas tardes claras de primavera,
Sorvendo o frescor de ingenuidade
Havida na aurora de nossos dias.

Ainda os mesmos aqueles
Limpando o nariz escorrendo
Nas mangas da camisa velha,
Sustendo abruptos a carreira da vida
Para repor a tira do chinelo
Escapada na disparada do sonho.

Ainda somos eles, mas esquecemos.

Distraídos, deixamos alguém, clandestinamente,
Pôr-nos a roupa da seriedade
Antes de havermos crescido,
E ela fez-se larga.

Hoje andamos por aí
A tropeçar nas barras das calças
E a manchar as mangas
Por sobrarem no comprimento
– O tamanho do corpo
Não deu na medida da alma –

Em verdade,
A vida é que sobra.
Caímos.

Houvesse alguém avisado
Que os machucados de menino
São os que mais doem para depois...

Mas não disseram
E hoje não saram.

Há os que, no anseio
De arrancar a roupa mal cabida, odeiam.
Há os que choram e os que matam.

Outros tentam
– Tarefa inglória –
Fazer a barra da calça, coser remendos,
Diminuir ocos.

Nada adianta.

E o menino?
Ninguém lembra mais do menino
Enquanto a braços com a roupa.

O menino...

Os amigos se foram.
A rua está vazia.

Volta ele,
Silhueta borrada ao entardecer
Avançando contra o poente.

Alívios de cansaços no dever cumprido
De nada de importante ter feito para o mundo,
Que é nada,
E não serve para meninos.

28.03.2017

VI

Nunca vesti roupa.
E, quando usei,
Fiquei ridículo.

Nada cabe
Em quem não tem corpo.
Desconheço-me.

A todos esses
Rindo suas normalidades
Em sorrisos nervosos de medo,
A todos eles
Deixo minha piedade
Por sua loucura insuspeita.

Eu navego
No mar revolto de mim.

Meu céu, nesse escuro,
Tem mais estrelas que o deles;
Só não as leio.

Contemplo
E me deixo levar.
Meus remos são a maré.

27.11.2020

VII

Sou a interrogação caída
Para debaixo do ponto.

Intersecção do nada.

Folha ao vento
Sem vento.

Contemplo a face de Deus
E ela é estarrecedora.

Tenho para mim,
No entanto,
Que não poderá contemplá-la
Quem não for capaz
De estarrecer-se de novo.

27.11.2020

VIII

O peixe,
No aquário, vive só.

Ele, num canto da sala.
Eu, num canto do mundo.

As tristezas que não pode ter
Por não saber do mar,
Eu, conhecedor de um mundo, as tenho por ele.

Roda ali no seu mundinho quadrado de água...

Chora os companheiros perdidos,
Pressentindo as delícias de um céu de peixes
Que, em seus sonhos, tem o jeito do mar.

Eu, rodando aqui no meu mundinho de terra,
Choro os companheiros caídos,
Pressentindo as delícias de um céu
Não conhecido, que só os anjos sabem
O lugar onde é
E o jeito que tem.

Os anjos...

Os anjos olhando-me,
No mundo,
E tendo por mim
As tristezas que não posso ter,
As dores que não sei sentir.

IX

Tudo é deserto.
Deserto sem sol.
Só areia.
Céu opaco.
Não há escuro.
Nem estrelas,
Nem relógios de Dali.
Só deserto mesmo.
O nada.
Um nada de areia e céu.

Nosso tempo.
Tudo é morto.
Matamos.
E não foi Deus que matamos.
Foi mais grave.
Assassínio do Sentido.
Pouco importa se Deus existe.
Existindo, já não sabemos sabê-lo.
Não há tato para o calor disso,
Nem olhos para a luz que houvesse.
Inexistindo, não há quem lhe ocupe o lugar.
Ídolos secos pela descrença.
Apneia de existir.

Todos sozinhos sofrendo
O mesmo sofrimento,
Sem saber um do outro.
O amor foi banido.
Toma tempo demais: demora.
Pressa: para nada.
Virtude! Que virtude?
Perdemos o sentido.
Somos fracos para bondade.
Incompetentes para a malícia.
Vivemos a utilidade.

Desespero que o rosto não fala.
Tempestade na alma.
Raiva por entre os dentes.
Sufocamento da vida.

Ninguém fala
Da ferida aberta que sangra,
Escondendo-a entre os farrapos
Dos sorrisos de medo.

Sinto falta de mim.
Já não me encontro nos olhos alheios.
Contaram-me uma mentira

E dela acabei me esquecendo.
Já não sei buscar a verdade.
Ficou a mágoa sem nome
Gravada dentro do peito.

Tudo me é desimportante,
Como tudo é desimportante para todos.
Rio das convenções.
Não disfarço a descompostura:
Nunca estou onde me querem.
Represento a personagem
Que a tranquilidade alheia espera de mim
E todos acreditam e ficam satisfeitos.

Eu rio...
Como evitar o riso,
Se na alma não sou nada do que veem,
E mesmo assim seguem acreditando.
E quantos mentem para mim e eu também acredito.
E quantos mentem para outros que também acreditam,
De modo que o teatro se arma
Sem que a alma tenha nada com isso.

Poço escuro
De onde já se tirou água

Em tempos em que não havia sede.
Bocas secas para beijos esquecidos.
Braços indolentes para abraços.

Meu erro é não acreditar no mundo inventado por aqui.
Deveria... Sei que deveria.
Imperioso é acreditar,
Mas não consigo.
É tudo muito ridículo. Não convence.
Vou saboreando a existência
Como quem tivesse fome
Ao pé de uma taberna fechada.

Escrevo um manifesto
Para os tempos do futuro,
De modo que o lendo
Possam dizer:
Vejam, naquele tempo, viveu um tolo,
Como há tolos em todos os tempos.
Ou, quem sabe, para que creiam,
No caso de eu estar certo,
Que a loucura, por um século,
Travestiu-se de sanidade.

14.05.2016

X

O menino que fui
Veio servir para hoje.
– Meus sonhos foram todos póstumos.
Escapou ele de minha mão
Ao atravessar a rua
E veio esperar do outro lado.

É impaciente com minhas manhas.
Faz pouco caso de haver angústia.
Vive fora do tempo.
Ri da minha desdita.
Dá de ombros a qualquer ordem
E obedece só à vida.

É difícil esse menino,
Não respeita os mais velhos
Somente a sabedoria.
Nas travessuras do mundo,
– Ironia – só eu me perco
Sempre que vou à procura.

Ele sabe o caminho
De um destino que não há.
Queria tanto voar,
Mas só ele tem asa.
Eu passo da hora na rua.
Ele é quem chama para casa.

XI

Aquarela tresmalhada para mãos imprecisas.
Há uma tela em mim esperando.

Abuso das incertezas.
Conheço todos os limites do correto para não os querer.
Em mim sou sempre revolta.

Revolta da alegria no dar de ombro das crianças.
– Irritante algazarra no meio das assembleias.
Barulho na hora da coisa séria.
Vida, vida, e mais vida; ela é sempre inoportuna.

Sou coxo de não mancar.
Cego de sentido.
Sempre inesperado,
Porque teimo em ser só eu.

XII

Imagens antigas de tempos que nunca vi...

Sinto vidas não vividas
Lançarem saudades de encontro à memória.

Apego inaudito por histórias de outrem.
É como se fosse uma personagem de mim
Estranha a mim mesmo.

Sensações tão alheias
Povoam a essência do que sou.
Não me negaria a dá-las!
Se de mim reivindicassem-nas,
Reconheceria a posse legítima.

Não sei dizer das cores que vejo
Quando as vi,
Embora nítidas ainda.

Cenários que ignoro
Povoam minhas vontades de partida para um onde
Só que dentro.

Tudo é vivo.
Desconexo, entretanto.
Nem por isso menos vivo.

Como se cada sentimento fosse o produto
Inseparável e distante
De um livro
Que a nostalgia de outro
Para mim folheia.

XIII

Não volto,
Porque o imperioso é ir.

Em essência qualquer volta é uma ilusão.
Voltar ainda que para o mesmo lugar
É buscar encher o balde
Com a água que dele já se entornou.

Aquilo que em sonho de infância
Um dado lugar para nós representou,
Na qualidade de sonho ficou,
À parte o lugar estar lá o mesmo.

Por isso, o imperioso é ir.

Mesmo que em segredo de alma
Todo lugar a que vamos, no anseio de procura,
Seja o lugar aquele de criança,
Onde havia o pai, mãe da gente
E a doçura.

XIV

A Arthur Bispo do Rosário

Loucura,
O avesso do agora.
O outro lado.
A carne do medo.

Desordem essencial
Por trás da desordem.
Caos tragando em si
Desejos de lógica.

Boca do inferno
Cheia de sensatos
Tentando escapar
Do sentido do absurdo.

Aquele sempre à espreita.
Suspeito, mas nunca evidente.
De quem se foge, em desespero,
Nas estruturas dos planos.

Náufragos do sentido
Agarram-se ao ingênuo fio da lucidez,
Mas suas insônias são de medo
E seus sonhos delírios.

E qual delírio maior,
Senão este mundo
Inventado a pretexto de realidade?

A loucura é só o inaceitável.

04.07.2019

XV

Não suporto mais acordar dentro de caixas;
Isso inventado para se morar nas cidades em que há gente.
Quero respirar fundo a vida que há fora do lado de cá.
E ver indecisos pássaros por entre árvores copadas lá onde não sou eu.

Cidades… Coisas feitas para a nossa utilidade.
Mas que utilidade, se quando nasci já estavam aqui?
Deram-me utilidades mesmo antes de saberem que eu seria.
Não me consultaram e já havia um futuro pronto.
Manias deste tempo querer pegar o Tempo de calças curtas.

Queria um banho no rio imenso nas tardes de calor eterno.
Queria bergamoteiras à porta e flores de laranjeira nos quintais que seriam meus.
Mas não há tudo isso, porque há prédios, carros, estradas, computadores e outras utilidades.

Não me consultaram…
Agora, não encontro nada de que preciso.

XVI

No dia em que eu fizer anos,
Amanheça como tenha de amanhecer:
Passarinhos indiferentes de mim
A brincar nos galhos lá fora.

Seja minha insignificância para o curso da vida
Tão sempre do mesmo tamanho
Que a festa das coisas
Pareça com o sono do meu gato:
Sempre feito da mesma preguiça.

Comemora ele meu aniversário dormindo.
Nem faz conta dos barulhos.
Reclama um pouco, mas segue.
Festejamos nós dois juntos
A glória do sem sentido.

Celebram comigo as formigas
Carregando, como todo dia,
As migalhas das folhas do pátio.

O João de Barro buscando um novo charco
Para arrematar o seu lar,
Sob os olhos da companheira.

Meu mate com o gosto de sempre,
E é bom.

Comigo estão as folhas ao vento
Sempre vindo dar na calçada
Para que eu as varra de tarde.

A cor das madrugadas
Não terá maior mistério
Pelo fato de eu ter mais idade.

Não é desprezo como podem pensar.
É gratidão à vida que segue sua lei
Apesar de mim.

Tudo sempre como tem de ser:
Um eterno hoje,
Como o sono do meu gato.

XVII

Dia virá em que assistiremos plácidos a morte do desejo.

Esse verme roendo-nos com suas fomes,
Enfim deitará seus cansaços,
Indo-se de vez de nossa alma.

Teremos vencido a luta.
Não seremos dois, mas um só.
Vibrante coisa que o comboio da verdade deixou cair
pelo caminho,
Mas soube, por si, encontrar a direção de casa.

Eu, por mim, não o suporto.
Já quis tanto, outro tanto me foi negado;
De tal modo que entre o querido e o negado
Ficaram as vontades que o destino sonega.

O que é o querer?
Vontade mal desbastada
Deixada pelos símios por crédito de evolução?
Certo que não...

Isso dentro da gente como uma mão,
Uma enorme mão de criança tola
Querendo a vida para ter

Dentre seus brinquedos novos,
Todos eles logo quebrados
Por não caberem nas imaginações.

Sim.
Faço da vida um brinquedo e o quebro,
Se não cabe nas suposições.
O desejo ri de mim.
Logo me oferece outro:
– Tome, este caberá!

Eu, criança que sou, acredito uma vez mais.
Aceito e o quebro novamente...
O desejo ri de mim.
E nessa toada estamos há milênios.

Se eu pudesse... Ah, se eu pudesse...
Pegá-lo-ia com minhas próprias mãos,
Lá dentro do ser, e o deitaria fora
De modo que pudesse estar em paz;
Tal eu fosse um grão-senhor
Que, após as formalidades de gala,
Fosse para casa, arrancasse o fraque,
Pusesse fogo nele, sentindo toda nudez do ser.

Mas o pior de estar com o desejo
Não é este querer no pensamento
Zumbindo em nossa mente um zumbido metafísico.
O pior do desejo é a mentira que ele conta.
Ele inventa para nós quem somos e acreditamos.
Depois oferece coisas que são boas
Para o ser inventado e nós as pegamos
Como sendo boas.

Aí está a armadilha!

Como matá-lo?
Há como matá-lo?
Sua morte é um bem?

Abandono de fome.
Solidão de nudez.
O eu caindo no nada
Com um sempre pavor do chão que não chega
Para estatelar-se.

O que tememos dele?
Perder este mundo?
Este belo mundo já perdido de si?

Eu te desafio, desejo!
Já não evito teus assédios.
Enquanto avanço para eternidade,
Dou a ti a minha carne
Para dela te saciares
Com os sangues dos martírios;
Impoluto adentro os portais de um mundo
onde nunca mais viverás.

Nunca mais?

12.03.2017

XVIII

Como faço para ter acesso
Aquilo que é o meu inverso?
Calculo, regulo e meço.
Nunca caibo. E o resultado é sempre o excesso.

Se não calcular ou medir,
– o que para mim é sofrido –
E me deixar distrair,
Não passo, será, batido?

Passo apertado, por certo.
Talvez algo escape,
Alguma coisa me esqueça.

No entanto, por mais que eu tape,
Tudo o que sobra não cessa.
E o vazio do buraco, vazia peça por peça.

XIX

A vida hoje passa muito perto,
Quase toca o real.

Em meio aos transeuntes de mim
Alguém roça de leve meu ombro
E segue.

Meneio rapidamente a alma
Para tentar alcançá-lo,
Mas só vislumbro seu vulto.

Sinto um estremecimento singular.
Familiaridade pelo desconhecido
Que some na bruma
Em seu rumo certo de ir.

Refeito do espanto
Volto a alma e o olhar
E sigo também.

Não mais com o mesmo passo.
Não mais para a mesma meta,
Que esqueci.

Sigo agora para um outro lado.
Ao avesso.

29.07.2020

XX

A morte sempre esteve por aí,
Só não a víamos.
Espreita ela, hoje, beijos e abraços
Que vivem entre nós, supostos.

A morte sempre esteve por aí,
Só não a sentíamos.
Paira hoje ela obscura
No vulto de nossas saudades.

Que queres de mim que já não o tenhas,
Oh, amarga viúva
Ressentida de sonhos alheios?

O que queres além dessas gotas
Que nos sugas hora por hora, dia por dia?
Queres num gole supremo e definitivo
Embriagar-te de nosso ser todo?

Chegaste tarde, minha cara...
Morremos todos há tempos.
Contenta-te com o corpo.
A alma,
Terás de tomá-la ao diabo.

18.09.2020

XXI

Há os que são como defesa,
E se aferram a ideia que tem de si
Pela fome de controle,
Mas seus sonhos nunca mentem.

Eu nadifico-me.
E por não ter nada para controlar
Iludo-me.
Sou um fantasma de mim.

Não é a morte o nosso medo.
Tememos, antes, o desaparecimento.

O grão de pó das estrelas
Ainda é algo na história
Pelo fato de estar sendo aqui lembrado.

O que foi nós, nem isso.

O desaparecimento
Impõe que nos agarremos ao corpo com as unhas,
Nele tudo fazendo para mentirmos a nós
Que vivemos.

O medo, em verdade,
É admitir que sempre estivemos mortos.

E nunca soubemos fazer
Em nós
Aquilo que é a vida.

O gozo
São as unhas da alma
Marcando a carne
Para ela saber que ainda está ali.

Desaparecer jamais...
Desaparecer jamais...

20.11.2020

XXII

A raiva
São gumes afiados nos olhos
E amargo na boca.

Ela é sempre de alguém
Que somos nós.
Para a raiva,
Os outros sempre somos nós.

Quando matas,
É a ti que matas.
O outro
Segue vivo no remorso.

O odiado no outro
É o inaceitável pressentimento
De ser ele, em alguma medida,
Uma sombra bastarda de ti.

A raiva que tens,
Ela é tua.
Só tua.

21.11.2020

XXIII

Não há Deus!
E tudo está definido.
Há Deus!
E tudo está definido.

De minha parte,
Não compreendo como ele possa haver
Da forma como suponho que haja.

Talvez, por isso,
A tagarelice peripatética
Das cosmogonias:

Convencer-se para melhor convencer.

No fundo,
Todos eles
Vivem também para si supostos
Sem saber.

27.11.2020

XXIV

Peculiar é sofrer
Em um mundo de felizes.

Olho na testa do rei.

É ser marca
No rosto da ordem.

Fenda para o real
No meio da fantasia.

Dar as costas
Ao normal suposto
Da vida-chão.

Fazer pouco caso do estranhamento alheio.

Chocar.

Todos temem
A sombra que aí habita.
– Pode aparecer em qualquer vida.

Assombração.

É encarnar, em silêncio,
A prova de que ninguém sabe falar
Com aquilo que é outro.

O corpo está aí
Como denúncia:
Só sabem amar àqueles que correspondem.

Existência alquímica
Como pedra de toque
Das incapacidades alheias.

Olhar enviesado.

Em terra de cegos,
É o olho na testa do rei.

27.12.2020

XXV

Auferem
Só lucro.

Saciam
A fome.

Vivem
Do amanhã.

Desesperam
Sempre.

Chegam,
Nunca.

Trocam
Insultos.

Compram
A mais.

Dormem
De dia.

Sofrem
À noite.

Amam
A prazo.

Toleram
Nada.

Passam.
Não passam.

Leem
Manchetes.

Perdem
Sentido.

Tropeçam
Em si.

Seguem
Perdidos.

Comemoram
Rápido.

Choram?
Não choram...

Sentem
Só raiva.

Coração
Parado.

Infarto
Do miocárdio.

16.02.2016

XXVI

Estamos psicóticos,
Desenganadamente.

E ai dos que não se juntarem a nós!

Tudo urge!
Desespero da alma em morte lenta.
Pavor de uma vida breve.

Por que deixar para amanhã
O que pode ser feito já?
Por que amanhã o amanhã,
Se agora é hoje?

O futuro nos chega sempre inoportuno.

Não há tempo para esperar depois.
Que venham todos os meses em uma semana!
Todas as semanas num dia!
Todos os dias na Hora!

Na grande, única e absoluta Hora.
A única que há para nós.

Aquilo que é buscado com fome de espírito.
A Hora em que as horas não mais são.
Em que cessa o querer e sua muda ânsia.

A Hora em que tudo estará pronto,
Aviado, classificado, disposto a contento;
E não haverá mais sentido no tempo,
Porque a vida estará de acordo.

A morte: fim da angústia de existir!

E teremos corrido para viver.
Fugido.
E temê-la como a um gelo escuro
Foi a nossa crença...

No entanto, fazíamos só buscá-la.
Buscá-la no que somos e no que há.

A Hora para depois do suspiro.

E, em nosso desvario de medo,
Corríamos até ela como quem fugisse
De um espectro que estava sempre adiante.

Não queríamos sempre querendo.

E por que corríamos,
Se todos nascemos dela?

XXVII

Este é um tempo
Em que o medo tem nome.

A morte, rosto.

E o luto,
Transbordante silêncio
Cuja ânsia não acha palavra.

O real cai sobre nós
Com um susto tétrico.

De tal maneira que
O ranger de dentes
No corpo
E o delírio na alma

São a saída honrosa
Para o grito metafísico
De um desamparo mudo.

15.03.2021

XXVIII

Fria e só, uma nota de alaúde
Retine nos salões de um vazio reino.

Insistente, o sol transpassa vitrais
De uma catedral de onde se foram.

A nota vibra opaca e sempre
Para a incerteza de ouvidos moucos.

Vibra firme e monocórdia
Para o desgosto de nenhuma plateia.

Não há tempo de ouvir,
O tempo perdido é o nosso.

Deus sentado em seu trono
Vazio
Só
Em seu reino.

14.09.2011

XXIX

Vim ao avesso para o mundo.
Nada do que era certo para mim cabia.
Nem o que satisfazia.

Faltava o que não há.

Não sabia da falta.
E ainda que eu soubesse,
Conhecia-me ausente de outro lugar
Mais além.

Via por outros olhos,
E compreendia
Inquieto de não entender.

Buscava respostas
Para perguntas banidas.

Hoje,
Estou a meio caminho de mim
Em outro lugar na alma.

17.04.2021

XXX

Há uma poesia estúpida
Na linguagem do obsessivo,
Inscrita nele por um outro.
Só por isso ela é estúpida.

17.4.2021

XXXI

A vida habita
Por trás do vazio:
Espelho não refletindo,
Sobretudo meu rosto.

21.04.2021

XXXII

Meu vizinho é um bêbado, porque só.

Ninguém sabe dizer
Onde termina o porre
E começa a solidão.

Zombam do ridículo,
Das frases sem sentido,
Dos passos desconexos.

Não veem a dor por dentro.

Eu, soberbo nos atos,
Contido nas maneiras,
– Homem justo para os deveres da hora e do dia –
Não recebo o escárnio alheio.

Ridículo na alma.
Trôpego na vida.
Desconexo para as ideias.
De mim, ninguém ri.

Só meu vizinho,
Que me vê a dor por dentro.

12.02.2016

XXXIII

Intrigado com um som
Vibrado na surdez de mim
Cometi a heresia:
Cheguei à beira do vazio.

De lá, tirei sete porções.

Como não soube
Do que era feita a coisa
E para que serve,
Com três partes fiz a angústia.
Com outras três, a falta.
E com o resto, estes poemas.

Tudo o que de lá tirei,
Ao jeito de minhas mãos,
Mexi e conformei.

Porém,
Bastou tocá-la
Para em nada a coisa virar.

Desenganado, retornei.

Mas volto sabendo:
Existe algo lá,
Que ao caber em minha mão
Logo me falta.

Esconde-se da razão.
Faz furo no sentido,
E nenhuma palavra dá.

03.05.2021

XXXIV

Pesa em mim um peso estranho,
Desses que pesam nada e tanto.

As perguntas não são feitas,
Mas as respostas vagando.

As respostas todas rindo
De eu não saber a pergunta.

XXXV

Invento um sonho e o vivo.
Não caibo no mundo dado.

Construo de palavras minha coisa,
Já que o mundo esse,
O real,
Também já foi inventado.

E pesa.

Eu não o quero:
Eu sei de outro jeito.

28.04.2021

XXXVI

Esvaziei-me.
Não há estrutura sobre a qual colocar as coisas.
Desconstruí-me.
Despejei de mim o suposto.
Desfiz-me do resto.
Não há linearidades nos planos.
Não fazem qualquer sentido.

Vejo todos cheios de tudo.
Eu nada.
Restei como um peixe
Que a si mesmo descamasse.
Sacudi de mim o que era eu e estranhei-me.

Morri para as expectativas.
Sou uma casa
Esquecida do sentido
De ser casa,
Pelo fato de os moradores
Terem se ido há tempos.

Pus fora tudo o que não mais servia,
E o que servia também.

Desperto, vago.
E as coisas passam por mim,
Mas não ficam.

Jazo
Expectante em renascer
De meu próprio sepulcro.

Quando falo, não me ouvem.
Quando estou, não me veem.

Fantasmo.

De tanto desejo de desejar,
A ânsia virou ao avesso
Para se tornar espera.
Cândida espera.
Espera por nada.
Só espera.

– Eis-me aqui!
Digo para tudo.
Ainda ter-me-ão à disposição por um tempo.
Aproveitem-me:
Sou um espectador da Hora.

Entre uma batida e outra do ponteiro,
Sou aquilo que está no meio.
O interregno.
Contraponto do compasso.
Nem antes, nem depois.

Presença impertinente do estado de não ser.

Não há sentido em ir para algum lugar
Se o caminho é o do meio.

Sou uma vasilha deixada de boca para baixo
Para que nada esteja contido.

Caibo em quase tudo
E nada cabe em mim.

Sou carta aguardando a letra.
Sentido à espera da frase.
Ideia sem haver filósofo.

Morri-me e ninguém chora,
Porque não sabem.

Pela monotonia de ter,
Vazio de nada
O que está derramando de tudo.

Surpreendentemente,
Dou de cara com o desejo
E o sei:
Ele não tem meu rosto.

19.09.2021

XXXVII

**Descobri, hoje, que a música ouvida
pelo meu vizinho é nada.**

Importa-me pouco se vai até tarde,
Se é alta,
Se o gosto é duvidoso.

Importa mesmo é que ele esteja feliz com o som.

Se o toca, o faz porque isso o deixa contente.
E é bom viver ao lado de pessoas contentes.

Ensurdece-me o silêncio dos magoados.
As queixas despudoradas da intriga.
Eu sofro com o fel da mentira
Mascarando interesses pelos sorrisos.

Para fora de mim as reclamações burocráticas
Buscando posições a esmo.

Tivera eu todos os postos de autoridade,
De comando, de investidura...
Tivera eu placas de senhor diretor
De qualquer repartiçãozinha...
Ah... distribuiria elas a essa gente mínima e ciscadeira.

Elas brigam por migalhas
Como brigavam as galinhas de minha avó
Quando lhes atirava pedaços de pão velho.

Sim! São galinhas ciscadeiras...

Eu, como dizia,
Dava-lhes todas as placas de bronze do mundo,
Desde que sumissem.
Fossem daqui para um raio qualquer que as partisse.

Ou não partisse.
Melhor mesmo não partir,
Já que aí seriam o dobro,
E talvez faltassem placas para todos,
De modo que voltariam a me aborrecer.

Deixem-me escutar a música de meu vizinho!
É o que ele ama, e eu amo o nascido do amor!

Que se cale-se a dor muda
Deitada pelo fel em meus ouvidos.
Veneno inoculado na alma.

Eu escuto a pequenez da alma dessa gente pequena
Nos meus silêncios.

A música de meu vizinho sempre acaba
No momento em que ele a desliga.
Fica o sono dele e o porre,
Um tão sincero quanto o outro.

Já não me importo com a música de meu vizinho.

07.03.2016

XXXVIII

Quantos de nós sobraremos
Depois que isso tudo passar?

Quem permanece?
Quem partiu?
Quem partirá?

Permanecem como os que ficaram?
Partiram para onde os que se foram?

Sobrará compaixão
Para depois dos números?

Os números...
Sempre os números
A racionalizar para nós
A angústia da morte
Quando não fazemos parte deles.

Sempre eles a fantasiar de ordem
O caos da vida e da nossa alma.

Depois, então,
Que os ditos números se forem,
O que sobrará?

Outros números em forma de gente?
Sobrará gente?
Sobrará alma na gente?

E quem viu, de longe, seu amor partir?

Aqueles que não puderam
Segurar a mão do amado
Enquanto punha ele o pé
Sobre a soturna e enigmática
Barca de Caronte?

Sobrarão?

Hoje não se proíbem apenas abraços,
Sonega-se a despedida.

Aqueles, pergunto,
Que sequer puderam sentir
O frio que a morte põe na face
Do adeus definitivo?

Aqueles que participam, agora,
Do frio cadavérico
havido também nos números;

O que pensarão eles
De terem sido os números?

Sobrará alma em alguém
Para pensar isso?
Sobrará alguém?

Sobrará?

14.05.2020

XXXIX

Dói-me.
Uma dor doída dói-me sempre no branco do papel.
Lateja mais nos dias em que está para chuva,
Como as juntas doloridas de meu avô.

Há os que anseiam pela cura.
Reclamam de dor
Bem lá
No escuro da alma.

Coitados de desespero,
Clamam pela luz que está apagada nos olhos dos outros.
Descobrem que há montes de remédios,
Menos para o escuro da alma.

Para mim, existem as palavras:
Conta-gotas pingando bem na ferida
Que sara
E torna a abrir no próximo papel em branco.

Não gosto de me curar.
Vivo a vida que me invento,
Com a loucura que mais me serve.

Sou parvo para os normais.

Os normais, que estão quietos,
Curados da alma torta,
Alheios da alma sua.

XL

Letargo
Onde a dor já não doía
E o medo era triste.

O sangue,
Vazio de calor,
Corria por correr.

Beijos,
Protocolares.
E os abraços,

Não havia abraços...

O corpo,
Uma fisiologia austera.
E o dono,
Um morador louco
Com pretensões de ser a casa.

Para onde foi o teatro?
O que foi feito da plateia?
Pergunto eu,
Já perplexo,
Com a máscara na mão...

Eu,
Para quem as horas escoavam
Por entre os dedos
Das mãos aflitas,
Ouço agora o relógio correr.

E cada sua batida
Escorre pelos ponteiros
O sem sentido das eras.

Viver é para sempre.

O que há
É que não suportamos.
Antes faltava tempo.
Agora nos sobra vida.

Com o tempo,
Não há outra coisa
Senão gastá-lo.

Com a vida,
Não há jeito,
Só vivendo.

O tempo é ânsia.

A vida sonho.
Rubor da face.
Calor do sangue.
Paixão do beijo.
Aperto do abraço.

O tempo, tão somente, urge.

A vida é medo.
Confusão.
Frio na espinha
À beira do precipício.
Incerteza e dor.
O tempo, um cigarro
Aceso ao final do outro.

Onde pus a máscara?
Coloco-a, mas a plateia não vem...

Medo da alma.

Fico eu aqui
Ridículo e só.

Herói bobo
De um pastiche
Esperando que um dia
A vida volte ao normal.

29.05.2020

XLI

Queria terminar algo.
Não sei por onde começar,
Mas tenho de fazer.

Uma coisa que a angústia avisa
Com um idioma estrangeiro.

Alguém bate numa porta.
Não sei onde está a porta.

Pedem ajuda a mim,
Que não sei como fazer.
Tenho expertise de nadas.
Sou tolo para raciocínios.

Faço, porque tenho de fazer,
E acaba saindo:
Eu, inteiramente eu, com meu passado
E minha humanidade,
Para a eterna misericórdia da vida com o que sou.

XLII

Às vezes, tenho vontade de ir embora do contemporâneo.
Fazer as malas e sair batendo a porta.
Não há sentido nos rostos e na alma,
Mesmo havendo vários sentidos.

Sou coxo para o que aí está.
Transverso para o que esperam de mim.
E a vida é um ônibus que tomei
Para um lugar que não se sabe onde está.

Falaram de outro mundo,
De esperanças na nova era,
Mas vejo todos dispersos
E vontades espalhadas sobre o tempo.

 Envergo a sobrecasaca lúcida
Para o gelo das indiferenças.
Vejo o calor dos ideais
Arrastado pela rua com as folhas secas.

É um tempo de mudez no ser
Em que o desespero desaprendeu a chorar.
Aves selvagens no claustro das gaiolas
Mutiladas do sentido do seu canto.

O homem se despetalou da alma.
Caiu no chão das contingências,
Ansiando uma fome de vida
Da vida que não sabe o que é.

XLIII

Nunca foi tão necessário ao humano pôr-se de acordo consigo como agora.
Narciso, hoje, está só.
Sequer lhe resta o consolo de afogar-se nas águas de sua imagem.
Foi-lhe retirada a possibilidade do espelho.

O que diz a humanidade de si
Quando as aparências estão ao cabide
Com os ternos e as roupas de grife?
Como faz para suportar a si mesmo
Aquele para quem os títulos são inócuos ante a angústia iminente?

Aquele que por palavras convenceu tantos, mas nunca a si mesmo;
Como responde às suas insônias?
Ele, posto diante da morte em hora inoportuna,
Como irá se haver com ela?

A morte, agora, espreitando seus sonhos;
E ele, tão prolífico em ciência, só responde com ódio, medo e desespero...

Ronda os silêncios de sua habitação,
Como fantasmagoria, a pergunta:

O que fez até aqui?

Mas não há resposta.

Luta para agarrar-se ao concebido como realidade,
Mas o pensamento o traga em uma onda invencível para o caos de dentro.

O personagem vive em suspenso.

O que sobra?
Como ser?
O que é ser?
Ser para quê?
É possível não ser?

Narciso descobre hoje um mundo novo para além do espelho.
Tudo era imagem.
Imagem de si.
Suposto.
Suposto de si.

A realidade era um eu torto.

Por um instante, dirige o olhar à ninfa que o chama,

Mas não sabe amá-la.

Narciso olha ao redor,
Mas não sabe reconhecer o que vê.
O impossível.
O inominável.

A angústia.

Olha para si, não mais no espelho,
Mas a partir de si.
De que és feito, Narciso?
De que prazer e medo partiram teus anseios?
 Qual foi a estrada do teu caminho?

Não há como retroceder.
Aquel'outra realidade era delírio.
Ilusão.

Este nada que hoje és tu,
É a matéria disponível para seguir.
Esse oco que hoje é a alma,
É o único lugar que te sobrou por casa.

A palavra está contigo, Narciso!

O significado também é teu.
E o mundo é feito daquilo que não disseste.

Tua fala é do, até hoje, não dito.
Não serve o idioma de antes.
Não há quem ouça.
Como farás para te pores de acordo contigo?

Quem és tu, Narciso?

21.07.2020

XLIV

Morarão um dia estes versos
Num livro fechado, esquecido.
Por entre papéis dispersos,
Na estante, rumo ao olvido.

E habitarão casa de gente
Vivendo sempre com pressa.
Sem tempo para o desleixo
Que só à poesia interessa.

Haverá poeira e traças
Roendo as vogais,
Com cacos guardados juntos
Que ao uso não servem mais.

Por que condená-lo, pergunto,
Ao silêncio amarelecido,
Se tudo que contam do mundo
Vale mais que o vivido?

28.04.2021